Luis Alberto Pacheco Abarca

El desafío de los discípulos

Volumen 1: "Vengan y verán"

El desafío de los discípulos.
Volumen 01: Vengan y verán.
© 2020, Luis Alberto Pacheco Abarca (autor-editor)
Residencial Montebello A-8, Sachaca. Arequipa, Perú
librojuegosbiblicos@outlook.com

Diagramación e ilustración:
© 2020, Luis Alberto Pacheco Abarca

Fotografías:
Carátula y tablero: Papiro P75 (commons.wikimedia.org/wiki/File:Papyrus_75a.gif)
Papiro Rylands P52, anverso (commons.wikimedia.org/wiki/File:P52_recto.jpg)
Papiro P66, primer folio (commons.wikimedia.org/wiki/File:Papyrus_66_(GA).jpg)

Texto castellano del Evangelio según san Juan, adaptado de:
- Textos fundamentales > Biblia > Evangelio según san Juan (www.vatican.va)
- Biblia Latinoamericana. 2da. Ediciones Paulinas - Verbo Divino, Madrid 1987
- Biblia de Jerusalén. Nueva Edición revisada y aumentada. Desclée de Brouwer, Basauri 1999
- La Biblia de nuestro pueblo. 12ma. Edición. Pastoral Bible Foundation - Ediciones Mensajero S.A.U., Bilbao 2009

Texto griego del Evangelio según san Juan:
Transcripción del Códice Sinaítico (www.codexsinaiticus.org)
© British Library, Leipzig University Library, St Catherine's Monaster at Sinai, National Library of Russia

Concepción original del juego y sus mecánicas:
© 2008, Luis Alberto Pacheco Abarca(Expediente 001531-2008 INDECOPI)

LIBROJUEGOS BÍBLICOS

Primera Edición: Mayo 2020

ISBN: 978-612-00-5149-8 (Volumen 01: Vengan y verán)
ISBN: 978-612-00-5148-1 (obra completa)
Hecho el Depósito Legal en la Biblioteca Nacional del Perú N° 2020-03876

Impreso bajo demanda en Kindle Direct Publishing
kdp.amazon.com
Washington, USA. Mayo 2020

Vengan y verán

La primera pregunta que Juan y Andrés le hacen a Jesús es **"Maestro ¿dónde vives?"**. Y Él les responde **"Vengan y verán"**. Cuán impresionante debe haber sido este encuentro que más de cincuenta años después, cuando Juan escribe su evangelio se acuerda hasta de la hora: **"y eran como las cuatro de la tarde"**.

Al igual que Jesús, te invito a ti, lector, a venir y ver este primer volumen de estudio y reflexiones sobre el evangelio según san Juan, que incluye como material complementario el texto en griego del primer capítulo del evangelio y un juego didáctico que te ayudará en su conocimiento. La serie completa consta de veinte volúmenes, agrupados bajo el título "El desafío de los discípulos" y te animo a coleccionarlos todos.

Si bien Jesús es la figura central del evangelio según san Juan, conviene fijarnos en los discípulos. Para ellos fue todo un desafío el seguir a Jesús. Muchos lo abandonaron al ver que su mensaje era exigente; pero otros, como Pedro, sólo atinaron a decir **"Señor ¿a quién iremos? Tú tienes palabras de vida eterna"**. Y hoy, Jesús sigue siendo un desafío para sus discípulos: no acabamos de comprenderlo, o de tener el valor de seguirlo; pero Él sigue diciéndonos **"Como el Padre me envió, así yo los envío a ustedes"**. Éste es el gran desafío: dar testimonio de nuestro encuentro con el Señor.

Así comienza el evangelio de Juan, con un solemne testimonio del apóstol: **"En el principio era la Palabra, y la Palabra estaba junto a Dios, y la Palabra era Dios. Ella existía al principio junto a Dios. Todo existió por medio de ella, y sin ella nada existió de cuanto existe"**. Es un comienzo que sugiere un gran misterio. Y no cualquier misterio, es el misterio del origen de todo, un misterio que linda con la eternidad. Y que presenta a Jesucristo como la Palabra, el Verbo, el Logos (en el original griego).

"En ella [la Palabra] estaba la vida, y para los hombres la vida era luz. La luz brilla en las tinieblas, y las tinieblas no la recibieron", continúa el prólogo del evangelio, y nos adelanta el drama del que tratará el evangelio de Juan: el rechazo a Jesucristo, luz y vida, precisamente cuando Él se manifiesta al mundo.

Y luego se nos presenta a un personaje: **"Vino un hombre, enviado por Dios, que se llamaba Juan. Vino para dar testimonio, como testigo de la luz, para que todos creyeran por él. Aunque no fuera él la luz, le tocaba dar testimonio de la luz"**. Es el precursor, Juan el bautista. Curiosamente, aunque él da testimonio de Cristo, no es su discípulo. Es un maestro que predica un bautismo de conversión, y tiene varios discípulos. De hecho, dos de ellos (Juan y Andrés) se volverán discípulos de Jesús cuando escuchen a Juan dar testimonio de Él diciendo que es el Cordero de Dios.

El "dar testimonio", como venimos descubriendo en el evangelio de Juan, es un tema recurrente. El testigo, el que da testimonio, tiene una misión excepcional: contar a los demás aquella verdad profunda que ha visto y oído. El testigo cristiano sólo puede hablar de quien es la verdad plena: Jesucristo. Por eso, el evangelista, en el prólogo del evangelio, luego de hablar rápidamente de Juan, vuelve su mirada a Cristo: "La luz verdadera, que ilumina a todo hombre, estaba viniendo al mundo. Ya estaba en el mundo, en este mundo que se hizo por ella, y el mundo no la recibió. Vino a su propia casa, y los suyos no la recibieron; pero a los que la recibieron les dio la capacidad de ser hijos de Dios". Parece expresar una contradicción ¿puede acaso la luz verdadera, capaz de iluminar a todos, no ser recibida? Pues sí, es lo que pasó con Jesús. Y el testigo tiene que estar preparado para ello: no todos aceptarán su testimonio. Sin embargo, hay una promesa escondida para quienes sí acepten el testimonio y reciban la luz: serán hijos de Dios. "Al creer en su Nombre han nacido no de sangre alguna, ni del deseo de la carne, ni por la voluntad del hombre, sino que han nacido de Dios".

Y continúa lo más importante del prólogo del evangelio según san Juan: "y la Palabra se hizo carne, y puso su tienda entre nosotros. Y nosotros hemos contemplado su gloria, gloria que recibe del Padre como Hijo único, lleno de gracia y verdad". Quizás el haber escuchado muchas veces estas palabras (se emplean en el rezo del Ángelus), nos las haya vuelto habituales; pero encierran un mensaje muy revelador: Dios (la Palabra) se hizo hombre y vivió entre nosotros. Ése es el misterio de la Encarnación: ¿Cómo un Dios eterno se vuelve temporal? ¿cómo un Dios infinito se hace finito y se vuelve como una de sus criaturas? ¿cómo el Dios invisible se deja ver por nosotros? Misterio insondable que sobrepasa la razón y

entra en el campo de la fe. Y la respuesta a este misterio es el amor. Por amor, la Palabra viene a nosotros y comparte nuestra vida. Jesús viene al mundo porque nos ama y quiere salvarnos.

Reaparece nuevamente Juan el bautista en el prólogo del evangelio: "Juan dio testimonio de Él diciendo muy fuerte: De Él yo hablaba al decir: el que viene detrás de mí, es más importante que yo, porque era antes que yo". Juan el bautista es un profeta. Un profeta es un enviado de Dios, y sabe que no habla por él mismo, habla por el que lo envió. Y conoce que quien lo envió es el mismo Dios, que ha decidido venir a vivir en medio de su pueblo.

"De su plenitud hemos recibido todos: gracia tras gracia. Por medio de Moisés hemos recibido la Ley; pero la gracia y la verdad nos llegaron por medio de Jesucristo. Nadie ha visto a Dios jamás; pero el Hijo único, Dios, que estaba en el seno del Padre, Él nos lo dio a conocer". Con estas palabras termina el prólogo del evangelio según san Juan, dejándonos claro que, aunque de algún modo ya se había manifestado Dios por medio de Moisés, su revelación perfecta es Jesús. Quien ve a Jesús ve al Padre. Quien ve a Jesús ve a Dios.

Hemos reflexionado con detalle el prólogo del evangelio según san Juan, pues encierra muchas afirmaciones teológicas sobre Cristo y el misterio de la Encarnación, a manera de poema o himno. Continúa luego el evangelio con un formato más narrativo: por días. En el primer día, Juan el bautista da testimonio sobre sí mismo cuando los sacerdotes y levitas de Jerusalén vienen a preguntarle quién era. En el segundo día, Juan el bautista da testimonio sobre Jesús a sus discípulos, afirmando que es el Hijo de Dios. En el tercer día, dos discípulos del bautista: Juan y Andrés se acercan a Jesús a preguntarle dónde vive, y terminan haciéndose sus discípulos, y tan entusiastas que involucran como discípulos a sus hermanos: Simón, a quien Jesús llama Pedro, y Santiago. En el cuarto día, Jesús llama a Felipe, y éste trae a Natanael. Tres días después, todos ellos, junto a la madre de Jesús, estarán en una boda en Caná de Galilea. Tradicionalmente estos siete días han sido conocidos como la "semana inaugural" del evangelio según san Juan.

En este volumen, que corresponde al capítulo primero del evangelio según san Juan, abordaremos los cuatro primeros días de esta semana inaugural.

Juan predica y bautiza en Betania, junto al río Jordán, y desde la capital, Jerusalén, son enviados levitas y sacerdotes con una pregunta **"¿quién eres?"**. Para cualquier persona ésta es una pregunta clave. Desde luego, responder tu nombre no es la respuesta. La respuesta es dar sentido a tu existencia. Un sentido que no se agota en ti mismo, sino que trasciende a los demás. Por eso Juan el bautista responde **"Yo no soy el Mesías"** (o en griego: "Yo no soy el Cristo", o en castellano: "Yo no soy el ungido"). Y es que el pueblo judío esperaba al "ungido por Dios". Muchos profetas habían anunciado que cuando llegara el Mesías, guiaría al pueblo hacia su liberación. Y Juan el bautista, con su mensaje de conversión, les parecía que podría ser ese héroe esperado. Pero Juan lo niega. Entonces, los sacerdotes y levitas, que son muy conocedores de las escrituras, le preguntan por otro personaje cuyo regreso está profetizado: Elías. **"Yo no soy Elías"** responde Juan. **"¿Eres el profeta?"** vuelven a preguntarle. Esta vez se refieren al profeta que precedería la era mesiánica. Y Juan vuelve a negarlo. Los judíos se desesperan: **"¿Quién eres entonces? ¿Qué dices de ti?"**. Cuando el testimonio de alguien no cabe en nuestros esquemas mentales, nos desconcierta, y ciertamente, quien da testimonio de Jesús será desconcertante para los que le escuchan. **"Yo soy la voz del que grita en el desierto: enderecen el camino del Señor"** responde Juan citando al profeta Isaías. El testigo ha meditado las escrituras, y encontrado en ellas su misión. Es la mejor manera de responder a la interrogante de quién soy: asumir con convicción la misión que Dios ha inscrito en mí y que me ha revelado en su Palabra. Pero para los que tienen el corazón cerrado a la revelación de Dios, no les basta ninguna respuesta: **"¿si no eres el Mesías, ni Elías, ni el profeta ¿por qué bautizas?"**. El bautista, entonces, reconocerá su pequeñez ante el que ha de venir: **"Entre ustedes hay alguien a quien no conocen, que viene detrás de mí; y a quien no soy digno de soltarle la correa de su sandalia"**. Así termina el primer día.

En el segundo día es cuando aparece Jesús, o más precisamente, es divisado por Juan, quien inmediatamente habla de Él a sus discípulos **"Ahí está el Cordero de Dios, que quita el pecado del mundo"**. Esta frase, recogida posteriormente en la liturgia eucarística, identifica a Jesús con la víctima (el cordero) que se sacrifica para el perdón de los pecados. Luego se repite el testimonio de Juan ya expresado en el prólogo **"De Él yo dije: detrás de mí viene alguien que es más importante que yo, porque existía antes que yo"**. ¿Por qué insistir en la preexistencia de Jesús? Para Juan evangelista es importante destacar la divinidad y superioridad de Jesús respecto al bautista. Y luego, sin narrar el episodio del bautismo de Jesús, Juan el bautista lo rememora: **"Yo no lo conocía, pero vine a bautizar con agua para que Él fuera manifestado a Israel [...] Contemplé al Espíritu, que bajaba del cielo como una paloma y se posaba sobre Él. Yo no lo conocía; pero el que me envió a bautizar me había dicho: Aquél sobre el que veas bajar y posarse el Espíritu es el que ha de bautizar con Espíritu Santo. Yo lo he visto y atestiguo que él es el Hijo de Dios".** Juan es enfático al decir que no conocía a Jesús (lo repite dos veces); sin embargo, ha estado atento a las señales de Dios. Y las señales de Dios muchas veces son sencillas: una paloma que desciende y se posa sobre uno; pero el que mira los acontecimientos desde la perspectiva del discípulo, reconoce en ellos al Espíritu. Y el Espíritu nos revela a Jesús, imagen del Padre, que viene con poder para bautizar con Espíritu Santo. Con este testimonio, finaliza el segundo día.

Será en el tercer día que Juan el bautista, al divisar a Jesús, repite **"Ahí está el Cordero de Dios".** La iglesia, desde sus inicios, reconoce para Jesucristo este título de Cordero de Dios. Y también lo hacen los dos discípulos del bautista, que se apresuran a seguirlo. **"Jesús, al ver que le seguían, les dice: ¿Qué buscan?".** Y es interesante que nosotros respondamos a este cuestionamiento del Señor: ¿qué busco al seguirlo? Detengámonos a meditarlo con sinceridad ¿lo busco a Él, o busco tranquilizar a mi conciencia? ¿lo busco a Él, o simplemente hago lo que otros me dicen que haga? Los discípulos fueron muy prácticos en su respuesta:

"Maestro ¿dónde vives?". Parece una respuesta simple; pero implica mucho. Primero, un reconocimiento a Jesús como Maestro, es decir, asumir el rol de discípulo, dispuesto a aprender de Él. Segundo, un ansia de involucrarse con Jesús: ir a visitarlo, saber dónde vive, pasar tiempo con Él. Y cuando nuestra actitud es ésa, Él nos responderá **"Vengan y verán".** Y como los discípulos, le seguiremos y nos quedaremos en su presencia. Descubriremos, entonces, que ocurre algo maravilloso: vamos a querer transmitir esta experiencia a todos a los que conocemos. **"Andrés encuentra primero a su hermano Simón y le dice: Hemos encontrado al Mesías [...] y lo condujo a Jesús".** Probablemente éste sea nuestro caso: llegamos a Jesús por el testimonio de otros, y en no pocas ocasiones "empujados" o "conducidos" por ellos a Jesús. Y este encuentro es totalmente desconcertante, como le ocurrió al hermano de Andrés: **"Tú eres Simón, hijo de Juan; te llamaras Cefas, que significa Pedro".** Cuando encontramos a Jesús, Él nos reconoce (con nombre y apellido) y conoce nuestra historia, nuestro pasado; pero no se queda allí: vislumbra también nuestras potencialidades, y nos propone un cambio. Un cambio radical. Cambiarse de nombre no es algo fácil, porque el nuevo nombre también implica una misión: piedra, fundamento. Jesús nos quiere como piedras o fundamentos de su iglesia, y ser discípulo implica también este desafío.

En el cuarto día, Jesús se pone en movimiento. Decide dejar Betania, donde Juan bautiza, e ir a Galilea, su comarca. Pero ya no está solo, va con sus nuevos discípulos, y encuentra otros en el camino. **"Al día siguiente Jesús decidió partir para Galilea,** encuentra a Felipe y le dice: Sígueme. Felipe era de Betsaida, ciudad de Andrés y Pedro". Este primer núcleo de discípulos proviene del mismo lugar; y se conoce entre sí: "Felipe encuentra a Natanael y le dice: Hemos encontrado al que describen Moisés en la ley y los profetas, es Jesús, hijo de José, el de Nazareth". El nuevo discípulo, Felipe, lleno de entusiasmo comunica su testimonio a Natanael. Lo hace al estilo de los catequistas, fundamentándose en las escrituras, y meticulosamente dando el nombre completo de Jesús y su ciudad de origen. Pero su testimonio es cuestionado **"¿Puede acaso salir algo bueno de Nazareth?"** le responde Natanael, y a Felipe no le queda más remedio que olvidar sus argumentos y repetir las palabras de Jesús **"Ven y verás"**. Nos pasa como a Felipe muchas veces: intentamos dar testimonio de Jesús en base a doctrina y conocimiento; pero no hay mejor testimonio que llevar al otro a Jesús. También actuamos como Natanael en muchas ocasiones: desconfiamos del testimonio que se nos da, muchas veces sólo por prejuicio. Nazareth era una insignificante aldea, y por eso le costaba reconocer a Natanael que Dios podría revelarse allí. Pero Jesús constantemente desafía nuestros esquemas mentales **"Ahí tienen un israelita de verdad, sin falsedad"** le dice a Natanael apenas lo ve. Y Natanael, el desconfiado, se inquieta: **"¿Cómo es que me conoces?"**. Nos sorprendemos cuando alguien es capaz de ver nuestro interior, porque por lo general no nos revelamos abiertamente a los demás; pero el Señor lo ve todo y lo sabe todo: **"Antes que Felipe te llamara, cuando estabas bajo la higuera, yo te vi"**. Y ya no quedan excusas ante este Jesús a quien nada se le escapa, sólo rendirse ante Él: **"Maestro, tú eres el hijo de Dios,** **tú eres el Rey de Israel"**. A Jesús debe haberle divertido este cambio abrupto en Natanael: **"Porque te dije te vi debajo de la higuera ¿crees?"**; pero el discipulado no se agota en el descubrimiento del maestro **"Verás cosas más grandes todavía [...] verán el cielo abierto, y a los ángeles de Dios subir y bajar sobre el Hijo del hombre"**. Ser discípulo es un camino desafiante que va a llevarnos a vivir y contemplar muchas maravillas.

Repitiendo la invitación de Jesús: "Vengan y verán", te invito lector a adentrarte en el conocimiento y vivencia de la buena noticia (evangelio) según san Juan. Puedes empezar leyendo el primer capítulo del evangelio, y si eres un poco más curioso y amante de las lenguas antiguas, échale una mirada a la transcripción en griego del códice sinaítico que corresponde a este capítulo (y se incluye en este libro); pero si lo tuyo es aprender jugando, sumérgete en el juego bíblico adjunto, que es un verdadero desafío de los discípulos.

1

¹ εν αρχη ην ο λογος και ο λογος ην προς τον θν και θς ην ο λογος ² ουτος ην εν αρχη προς τον θν ³ πατα δι αυτου εγενετο και χωρις αυτου εγενετο [ουδεν] · ὁ γεγονεν · ⁴ εν αυτω ζωη εστιν · και η ζωη ην το φως των ανθρωπων · ⁵ και το φως εν τη σκοτια φαινει και η σκοτια αυτο ου κατελαβεν · ⁶ εγενετο ανθρωπος απεσταλμενος παρα θυ [ην] ονομα αυτω ϊωαννης · ⁷ ουτος ηλθεν εις μαρτυριαν ινα μαρτυρηςη περι του φωτος · ϊνα παντες πιστευςωσιν δι αυτου · ⁸ ουκ ην εκινος το φως αλλ ϊνα μαρτυρηςη περι του φωτος · ⁹ ην το φως το αληθεινον · ο φωτιζει παντα ανθρωπον ερχομενον εις τον κοσμον · ¹⁰ εν τω κοσμω ην · και ο κοσμος δι [αυτον] εγενετο και ο κοσμος αυτο ουκ εγνω : ¹¹ εις τα ϊδια ηλθεν · και οι ϊδιοι αυτον ου παρελαβον · ¹² οσοι δε ελαβον αυτον · εδωκεν αυτοις εξουσιαν τεκνα θυ γενεςθε · τοις πιστευουσι εις το ονομα αυτου · ¹³ οι ουκ εξ αιματω · ουδε εκ θελημ ατος σαρκος · ουδε [τ] θελημα τος ανδρος . αλλ εκ θυ εγεννηθηςαν : ¹⁴ και ο λογος σαρξ εγενετο και εσκηνωσεν [εν ημιν] · και εθεασαμεθα την δοξα αυτου · δοξαν · ως μονογενους παρα πατρος πληρης χαριτος και αληθιας · ¹⁵ ϊωαννης μαρτυρι περι αυτου και κεκραγεν [τ] ουτος ην [τ] ο οπιςω μου ερχομενος [ος] εμπροςθεν μου γεγονεν οτι πρωτος μου ην : ¹⁶ οτι εκ του πληρωματος αυτου ημεις παντες ελαβομεν · και χαριν αντι χαριτος · ¹⁷ ὀτι ο νομος δια μωϋσεως εδοθη · η χαρις και η αληθια δια ιυ [τ] εγενετο · ¹⁸ θν · ουδεις εωρακεν πωποτε [τ] μονογενης θς [τ] εις το κολπον του πατρος εκεινος

εξηγησατο · ¹⁹ και αυτη εστιν η μαρτυρια του ϊωαννου οτε απεστιλαν οι
ϊουδαιοι εξ ϊεροσολυμων · ιερις και λευειτας · ϊνα επερωτηςωςιν αυτον
ςυ τις ει · ²⁰ και ωμολογηςεν και ουκ ηρνηςατο · οτι εγω ουκ ιμι ο χς ·
²¹ και [επηρωτηςαν ᵀ] παλιν · τι ου ηλιας ει · λεγει ουκ ειμι · [ᵀ]
προφητης ει ςυ · και απεκριθη ου · ²² ειπον ουν αυτω · τις ει · ϊνα
αποκριςιν δωμεν τοις πεμψαςιν ημας · τι λεγεις περι ςεαυτου · ²³ εφη ·
εγω φωνη βοωντος εν τη ερημω · ευθυνατε την οδον [κυ] καθως ειπεν
ηςαϊας ο προφητης : ²⁴ και [ᵀ] απεσταλμενοι · ηςαν εκ των φαριςαιων ·
²⁵ και ειπον αυτω · τι ουν βαπτιζεις · ει ςυ ουκ ει ο [χς] · ουδε ηλιας
ουδε ο προφητης : ²⁶ απεκριθη αυτοις ὁ ϊωαννης λεγω · εγω βαπτιζω εν
[τω] ϋδατι · μεςος ϋμων εστηκει ον ϋμεις ουκ οιδατε · ²⁷ [ᵀ] οπιςω μου
ερχομενος ου ουκ ειμι αξιος ινα λυςω αυτου τον ϊμαντα του
υποδηματος : ²⁸ ταυτα εγενετο εν [βηθανια] περαν του ιορδανου ποτα-
μου : οπου ην ο ϊωαννης βαπτιζων · ²⁹ τη επαυριον βλεπι τον ιν ερχο-
μενο προς αυτον και λεγει · ϊδε ο αμνος του [θυ ο] ερων την αμαρτιαν
του κοσμου · ³⁰ ουτος εστιν [υπερ] ου εγω ειπον οπιςω μου ερχεται α-
νηρ · ος᾽ εμπροςθεν μου γεγονεν · οτι πρωτος μου ην · ³¹ καγω ουκ η-
δειν αυτον · αλλ ϊνα φανερωθη τω [ιςλ] · δια τουτο ηλθον εγω εν ϋδατι
βαπτιζων : ³² και εμαρτυρηςεν ϊωαννης [ᵀ] οτι τεθεαμαι το [πνα] ως
περιςτεραν · καταβαινον εκ του ουρανου και [μενο] επ αυτον · ³³ και
εγω ουκ ηδειν αυτον · αλλ ο πεμψας με βαπτιζειν εν τω ϋδατι · εκινος
μοι ειπεν · εφ ον αν ϊδης το πνα καταβαινον και μενον επ αυτον · ουτος
εστιν ο βαπτιζων εν πνι αγιω · ³⁴ καγω εωρακα και μεμαρτυρηκα · οτι
ουτος εστιν ο [εκλεκτος] του θυ : ³⁵ τη επαυριον · παλι ϊςτηκι ο
ϊωαννης και εκ των μαθητων αυτου δυο · ³⁶ και εμβλεψας τω ιυ περι-
πατουντι λεγει · ϊδε ο αμνος του θυ · ³⁷ [ᵀ] ηκουςαν οι δυο μαθηται

αυτου λαλουτος · και ηκολουθησαν τω [ιυ] : ³⁸ στραφεις [Τ] ο [ιϲ] και
θεασαμενος αυτους ακολουθουντας λεγει [Τ] · τι ζητειτε · οι δε ειπον
αυτω · ραββει ·ο λεγεται [ερμηνευομενον] διδασκαλε · που μενεις ·
³⁹ λεγει αυτοις ερχεσθε και ϊδετε · ηλθον ουν · και ϊδον που μαινει · και
παρ αυτω εμιναν την ημεραν εκεινην · ωρα ην ως δεκατη : ⁴⁰ ην αν-
δρεας ο αδελφος ϲιμωνος πετρου εις εκ των δυο [Τ] ακουσαντων παρα
ϊωαννου · και ακολουθησαντω αυτω : ⁴¹ ευρισκει ουτος [πρωτος] τον α-
δελφον τον ϊδιον ϲιμωνα και λεγει αυτω . ευρηκαμεν τον μεσσιαν · ο
εστιν μεθερμηνευομενον [χϲ] · ⁴² ηγαγεν αυτον προς τον [ιν] · εμβλεψας αυτω ο [ιϲ] ειπεν · ϲυ ει ϲιμων ο υϊος ϊωαννου · ϲυ κληθηϲη κηφας ·
ο ερμηνευεται πετρος · ⁴³ τη επαυριον ηθελησεν εξελθιν εις την γαλι-
λαιαν · και ευρισκει [φιλιππο] και λεγει αυτω [Τ ιϲ] · ακολουθι μοι ·
⁴⁴ [η Τ] φιλιππος απο [βηθϲαϊδαν της] πολεως ανδρεου και πετρου ·
⁴⁵ ευρισκει φιλιππος τον ναθαναηλ · και λεγει αυτω · ον εγραψεν μωϲης
εν τω νομω · και οι προφηται · ευρηκαμεν [ιν υν] του ϊωϲηφ᾿ τον απο
ναζαρετ · ⁴⁶ ειπεν αυτω ναθαναηλ : εκ ναζαρετ δυναται [αγαθον τι]
ειναι · λεγει αυτω φιλιππος ερχου και ϊδε · ⁴⁷ [ϊδων] ο ιϲ τον ναθαναηλ
ερχομενον προς αυτον [Τ] λεγει περι [του ναθαναηλ] ϊδε αληθως
ϊϲδραηλειτης εν ω δολος ουκ εστιν · ⁴⁸ λεγει αυτω ναθαναηλ ποθε με
γινωϲκεις απεκριθη ο [ιϲ] και ειπεν αυτω · προ του σε φιλιππον
φωνηϲαι οντα ϋπο την ϲυκην · ϊδον σε · ⁴⁹ απεκριθη ναθαναηλ᾿ και
ειπεν · ραββει · ϲυ ει ο [υϲ] του [θυ] · ϲυ ει ο βασιλευς του [ιηλ]
⁵⁰ απεκριθη [ιϲ] και ειπεν αυτω · οτι [ειπο] ϲοι οτι ειδον σε ϋποκατω
της ϲυκης πιστευεις · μειζονα τουτων οψη · ⁵¹ και λεγει αυτω αμην αμην
λεγω ϋμιν · οψεσθαι το ουρανον [ηνεωγοτα] · και τους αγγελους του
θυ αναβαινοντας κ(αι) καταβαινοντας επι τον [υν] του ανθρωπου ·

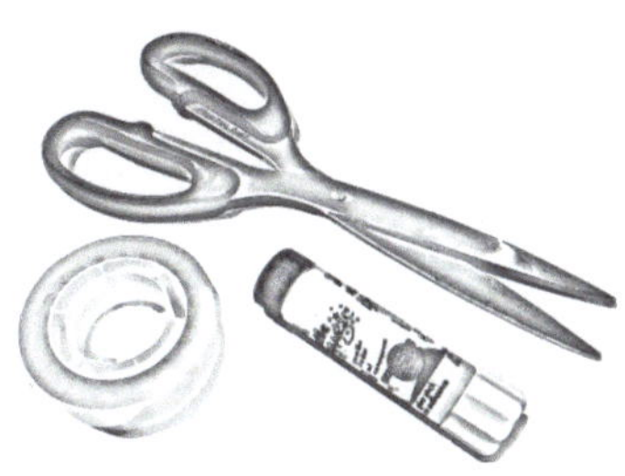

¡Comienza el juego!

¡Hola! Tienes en tus manos el volumen 01 del juego de mesa "El desafío de los discípulos" basado en el primer capítulo del Evangelio según San Juan, y vas a divertirte mucho jugándolo en familia o entre amigos.

Pero te vas a divertir aún antes de jugarlo, pues ya te habrás dado cuenta que este es un libro para recortar y armar: el tablero del juego, las fichas de personajes, las tarjetas de la Palabra, las monedas, e incluso las reglas. Así que consigue unas tijeras, un poco de cinta adhesiva, pegamento, y diez cartulinas tamaño 216 x 216mm (o mejor aún diez hojas de papel adhesivo transparente del mismo tamaño), y ¡a construir el juego!

Si usas papel adhesivo transparente, pégalo con cuidado sobre las cuatro páginas que constituyen el tablero, sobre las cuatro páginas que contienen las tarjetas de la Palabra, las fichas de personajes y las monedas, y sobre las dos páginas que forman los estuches para las tarjetas y fichas.

Si usas cartulina, pégala en el reverso de las páginas que constituyen el tablero, al reverso de las páginas que contienen las tarjetas de la Palabra, las fichas de personajes y las monedas, y al reverso de las páginas que forman los estuches para las tarjetas y fichas. Espera a que seque el pegamento antes de continuar.

Guíate luego por las líneas punteadas para recortar primero las hojas que contienen el tablero del juego. Después recorta la primera hoja de tarjetas de la Palabra y cuidadosamente corta cada una de ellas. Haz lo mismo con la segunda hoja de tarjetas de la Palabra. En la tercera hoja encontrarás tarjetas de la Palabra, fichas de personajes y monedas. Recorta cuidadosamente cada elemento, en particular los personajes que tienen líneas de corte hasta la mitad de la base, y las monedas que tienen dos líneas de corte hacia el interior. Sólo recorta hasta donde haya línea punteada, pues puedes malograr las fichas o las monedas.

Para armar cada ficha de personaje: dobla por las líneas negras sólidas de modo que el rostro del personaje quede visible por ambos lados. Luego engarza ambos extremos aprovechando el corte que existe hasta la mitad en la base de cada uno.

Para armar cada moneda: engarza por el primer corte las dos caras, y rótalas hasta poder engarzarlas por el segundo corte, de modo que los números o símbolos queden visibles. Asegúrate que cada moneda se arme con su par respectivo acorde con su color. Otra alternativa es aplicar pegamento a ambas partes de la moneda.

Recorta las cuatro páginas que forman el tablero. Únelas entre sí aplicando pegamento a las pestañas, y espera unas horas hasta que esté bien adherido. Luego refuerza la unión con cinta adhesiva ancha (2 pulgadas) por la parte posterior.

Las páginas que forman los estuches para las tarjetas de la Palabra y para las fichas y monedas deben permanecer en el libro. Esto hace que la tarea de recortar el estuche para las tarjetas de la Palabra y el estuche para las fichas y monedas sea más complicada; pero asegura, luego, que todos los elementos del juego se guarden dentro del libro.

Para armar los estuches, luego de recortar por las líneas punteadas, se debe doblar por las líneas negras sólidas (con ayuda de una regla) conformando una cajita con paredes laterales flexibles (como un acordeón), que se engarza en las líneas de corte indicadas. Sin embargo, esta estructura no es muy sólida, por lo que conviene reforzarla con pegamento y cinta adhesiva, para que soporte el peso de las tarjetas o fichas que se guarden dentro.

Ahora sí, ya está listo todo: 01 tablero del juego, 07 fichas de personajes (los discípulos y Jesús), 03 monedas, y 28 tarjetas de la Palabra. Es momento de reunirse en familia o con los amigos y ¡empezar a jugar!

Y mientras nos divertimos, iremos descubriendo que crecemos en el conocimiento bíblico del evangelio según san Juan, y empezamos a hallarle gusto a la Palabra, al mismo tiempo que afianzamos el compartir mutuo con la familia o los amigos.

También se puede usar el juego en los cursos de religión, catecismo o Biblia (allí los guías o animadores quedan en libertad de introducir variaciones al juego, de modo que se amolde más a los objetivos de la sesión de catequesis), o bien jugarlo entre los miembros de una comunidad de fe, o con el grupo de amigos que buscan un pasatiempo positivo. No hay límite de edad para jugarlo, el único requisito es saber leer.

Algo que hace especial al juego es que propicia un acercamiento a la Palabra del modo más fiel posible (de allí la insistencia en mostrarla en el tablero y en las tarjetas de la Palabra), y sugiere una actitud: la de atesorar la palabra de Jesús (acumular tarjetas); pero a la vez estar siempre dispuesto a compartirla (ceder tarjetas, intercambiarlas, etc.). La máxima de Jesús "los últimos serán los primeros" se cumple también en el juego (en la medida que vayan jugando lo descubrirán).

El desafío de los discípulos

Objetivo
Acumular la mayor cantidad de palabras de Jesús (Tarjetas de la Palabra). Pueden participar desde tres a seis jugadores.

El juego se compone de: (a) tablero de juego, (b) tarjetas de la Palabra, (c) fichas de Personajes, y (d) monedas. **Elementos**

Personajes
Antes de iniciar la partida, cada jugador selecciona un personaje con el cual jugar (puede ser cualquier discípulo o discípula, excepto Jesús).

Colocan las figuras de los personajes participantes en la casilla de inicio del juego. Colocan, también, la figura de Jesús en la casilla de partida.

Al inicio, todos los jugadores lanzan las tres monedas y suman los puntos **Movimientos** obtenidos (se puede utilizar también un dado). El que obtenga el número más alto será el primer jugador. El segundo jugador será el de su derecha, y así sucesivamente (El jugador que inicia la partida será a su vez responsable de administrar las tarjetas de la palabra).

Cada jugador, en su turno, lanza las monedas y hace avanzar a la figura de su personaje la cantidad de casillas que éstas indican.

En cada vuelta, los jugadores se turnan para hacer avanzar la figura de Jesús:

En la primera vuelta del juego, y antes de mover a su personaje, el primer jugador lanza las monedas para mover al personaje de Jesús. Luego lanza las monedas para mover a su personaje. En la siguiente vuelta, será el segundo jugador, quien antes de mover a su personaje, hará avanzar a Jesús, y así sucesivamente.

Tablero
Contiene tres tipos de casillas:

- Casillas de la Palabra (que son la mayoría)
- Casillas de HUELLAS (con número de grupo 63)
- Casillas de OPOSICIÓN A JESÚS (con número de grupo 66)

Para cada casilla de la Palabra existe una tarjeta numerada igual que la casilla. Este número tiene dos partes: antes del punto está el número del grupo, y después del punto el número de tarjeta dentro del grupo.

(Nota: la numeración de las casillas no guarda ninguna relación con el número de capítulo ni versículo del texto bíblico que se encuentra escrito en la casilla).

Tarjetas

Cuando un personaje llega a una casilla de la Palabra, recibe la tarjeta correspondiente a esa casilla.

En caso que otro jugador ya haya pasado antes por dicha casilla, y tenga en su poder la tarjeta respectiva, deberá entregársela al que acaba de caer en ella.

Cuando el personaje de Jesús llega a una casilla de la Palabra, el jugador que lo está moviendo en esa vuelta, recibe la tarjeta; pero no se queda con ella, sino que la tiene que ceder a un jugador distinto de él.

Siempre que un jugador recibe una tarjeta de la Palabra debe leerla en voz alta.

Si le toca  deberá cantarla, o actuarla si le toca 🎭.

Desafíos

Cuando un personaje llega a una casilla de la Palabra ocupada por otro(s) personaje(s) se produce un DESAFÍO. Cada uno de los personajes de la casilla lanza las monedas, y el que obtenga el número más alto recibe la tarjeta (Si el que gana es Jesús, cederá la tarjeta a otro jugador).

Oposición a Jesús

Cuando un personaje llega a una casilla de "OPOSICIÓN A JESÚS", tras leer en voz alta el texto de la casilla, debe devolver, en castigo, una de sus tarjetas. Cuando es el personaje de Jesús quien llega a una casilla de "OPOSICIÓN A JESÚS" todos los jugadores deben devolver una tarjeta.

Discípulo en casilla Huellas

Cuando el personaje de un discípulo cae en una casilla "HUELLAS", tras leer en voz alta el texto de la casilla, debe lanzar nuevamente las monedas y proceder según se indica en el cuadro del costado:

⚀	Regala una de tus tarjetas al jugador que desees.	
⚁	Intercambia de sitio a tu personaje con el personaje de otro jugador.	
⚂	Intercambia de sitio a tu personaje con el personaje de Jesús.	
⚃	Lanza nuevamente las monedas y retrocede el número de casillas que indiquen.	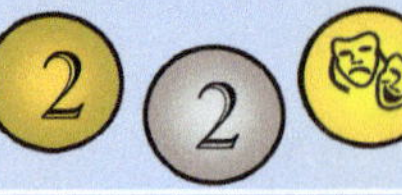
⚄	Lanza nuevamente las monedas y avanza el número de casillas que indiquen.	
⚅	Todos los jugadores te regalan una tarjeta cada uno si es que cuentas una parábola de Jesús o cantas una canción.	

El desafío de los discípulos

Cuando el personaje Jesús llega a una casilla "HUELLAS", tras leer el texto de la casilla, debe lanzar nuevamente las monedas y proceder según se indica en la tabla del costado:

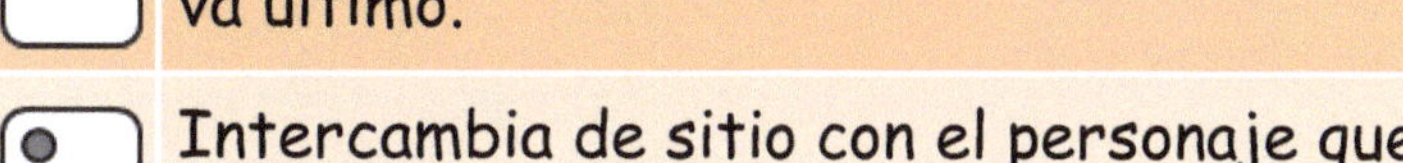 Intercambia de sitio con el personaje que va último.		
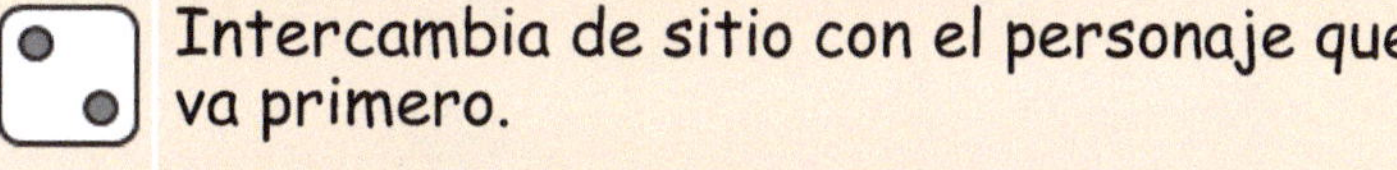 Intercambia de sitio con el personaje que va primero.		
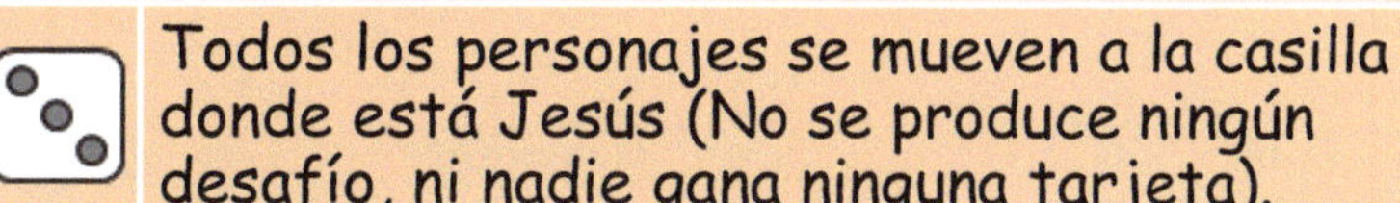 Todos los personajes se mueven a la casilla donde está Jesús (No se produce ningún desafío, ni nadie gana ninguna tarjeta).		
Todos los jugadores se dan un abrazo fraterno y cada uno le dice al otro una frase cariñosa, una bendición o un buen deseo.		
Jesús envía a los discípulos de dos en dos: se juntan por parejas los personajes empezando desde el que se encuentra más atrasado. Si el número de jugadores es impar, el personaje Jesús también forma pareja con otro personaje. Para cada pareja formada, el jugador que se encuentre más adelantado se mueve a la casilla del que se encuentra más atrasado. Proceder luego a los desafíos que correspondan.		
Todos los jugadores intercambian tarjetas unos con otros.		

Culmina cuando un personaje, tras lanzar las monedas, llega exactamente a la casilla de fin (en caso obtenga más puntos de los necesarios hará avanzar a su personaje hasta la casilla de fin y retrocederá las casillas según los puntos sobrantes). El jugador que llega primero a la casilla de fin recibe una bonificación de tres puntos. Luego, todos los jugadores suman sus puntos (un punto por cada tarjeta de la Palabra que posean). El jugador con mayor puntaje, gana la partida.

Gracias por escoger "El desafío de los discípulos", jugarlo y compartirlo. Detrás del juego que tienes entre manos hay muchas horas de diseño y ensayo, y por eso mi gratitud a mi familia y amigos. Agradezco, también, a la familia lasaliana (los Hermanos de las Escuelas Cristianas) por haberme enseñado a valorar la Palabra. Pero mi gratitud mayor va para Jesús, Dios y Hombre verdadero, quien nos propuso el gran desafío de ser discípulos.

Arequipa, mayo de 2020

Luis Alberto Pacheco Abarca

LLEGADA TABLERO 1

DÍA 4 — 4.10 · 0.2
Tú crees porque te dije que te vi bajo la higuera. Verás cosas mayores que éstas. Ustedes verán los cielos abiertos y a los ángeles de Dios subiendo y bajando sobre el Hijo del Hombre.

DÍA 4 — 4.9
¡Maestro, tú eres el Hijo de Dios! ¡Tú eres el Rey de Israel!

DÍA 4 — 4.8
Antes que Felipe te llamara, cuando estabas bajo la higuera, ahí te conocí.

DÍA 4 — 4.7
¿De cuándo acá me conoces?

DÍA 4 — 4.6
Ahí viene un verdadero israelita de corazón sencillo.

DÍA 4 — 4.5
Ven y verás.

El desafío de los discípulos

"¡Vengan y verán!"

7

Pega aquí el cuadrante del tablero que coincida con la flecha de color

Para reforzar el tablero del juego, pegue una cartulina sobre esta página

¿Pero qué cosa buena puede salir de Nazareth?

DÍA 4 — 4.4

Hemos hallado a aquel de quien escribió Moisés en la Ley y también los profetas. Es Jesús, el hijo de José de Nazareth.

DÍA 4 — 4.3

Felipe era de Betsaida, el pueblo de Andrés y de Pedro. Felipe se encontró con Natanael y le dijo:

DÍA 4 — 4.2

Sígueme

DÍA 4 — 4.1

63.3

Al día siguiente, Jesús resolvió partir a Galilea. Se encontró con Felipe.

Tú eres Simón, el hijo de Juan. Tú te llamarás Cefas que quiere decir Piedra.

DÍA 3 — 3.8

Y lo llevó a Jesús.

DÍA 3 — 3.7

Hemos encontrado al Mesías, al Cristo.

DÍA 3 — 3.6

Andrés, hermano de Simón Pedro, era uno de los que siguieron a Jesús. Fue a buscar a su hermano Simón y le dijo:

DÍA 3 — 3.5

Pega aquí el cuadrante del tablero que coincida con la flecha de color

Para reforzar el tablero del juego, pegue una cartulina sobre esta página

DÍA 1 — 1.4
¿Quién eres pues para que demos respuesta a los que nos han enviado?

DÍA 1 — 1.5
Yo soy la voz del que grita en el desierto: Enderecen el camino del Señor

DÍA 1 — 1.6
¿Por qué bautizas entonces si no eres el Cristo, ni Elías, ni el Profeta?

DÍA 1 — 1.7
Yo bautizo con agua; pero hay uno en medio de ustedes a quien no conocen. Él viene detrás de mí y yo no merezco soltarle la correa de la sandalia.

DÍA 1 — 1.3
Yo no soy el Cristo

DÍA 1 — 1.2
¿Quién eres tú?

DÍA 1 — 1.1
Éste fue el testimonio de Juan, cuando los judíos enviaron sacerdotes y levitas de Jerusalén a preguntarle

0.1
En el principio era la Palabra, y la Palabra estaba junto a Dios, y la Palabra era Dios.

Y la Palabra se hizo carne, y plantó su tienda entre nosotros, y hemos contemplado su gloria que recibe del Padre

a Dios, nadie le ha visto jamás, pero el Hijo Unigénito que está en el seno del Padre, Él lo dio a conocer

Pega aquí el cuadrante del tablero que coincida  con la flecha de color

Para reforzar el tablero del juego, pegue una cartulina sobre esta página

63.1

Esto sucedió en Betabará, al otro lado del río Jordán, donde Juan bautizaba.
Al día siguiente Juan vio a Jesús que le venía al encuentro.

DÍA 2 — 2.1

He ahí el Cordero de Dios, que quita el pecado del mundo

DÍA 2 — 2.2

He visto al Espíritu que bajaba como una paloma del cielo y se quedaba sobre él.

DÍA 2 — 2.3

Yo no lo conocía; pero el que me envió a bautizar con agua me dijo "Aquél sobre quien veas que baja el Espíritu, él es el que bautiza con Espíritu Santo"

63.2

Al día siguiente, Juan se encontraba de nuevo allí con dos de sus discípulos. Al ver que Jesús iba pasando dice:

DÍA 3 — 3.1

Ése es el Cordero de Dios

DÍA 3 — 3.2

Los dos discípulos le oyeron hablar así y siguieron a Jesús

DÍA 3 — 3.3

Maestro ¿dónde vives?

DÍA 3 — 3.4

Vengan y verán.

Para reforzar el tablero del juego, pegue una cartulina sobre esta página

DÍA 1
1.1
PRIMER DÍA
Éste fue el testimonio de Juan, cuando los judíos enviaron sacerdotes y levitas de Jerusalén a preguntarle
Cf. Jn 1,19

Sacerdotes y levitas:
DÍA 1
1.2
PRIMER DÍA
¿Quién eres tú?
Jn 1,19c

Juan el Bautista:
DÍA 1
1.3
PRIMER DÍA
Yo no soy el Cristo
Jn 1,20b

Sacerdotes y Levitas:
DÍA 1
1.4
PRIMER DÍA
¿Quién eres pues para que demos respuesta a los que nos han enviado?
Jn 1,22b

Juan el Bautista:
DÍA 1
1.5
PRIMER DÍA
Yo soy la voz del que grita en el desierto: Enderecen el camino del Señor
Cf. Jn 1,23

Sacerdotes y levitas:
DÍA 1
1.6
PRIMER DÍA
¿Por qué bautizas entonces si no eres el Cristo, ni Elías, ni el Profeta?
Jn 1,25

Juan el Bautista:
DÍA 1
1.7
PRIMER DÍA
Yo bautizo con agua; pero hay uno en medio de ustedes a quien no conocen. El viene detrás de mí y yo no merezco soltarle la correa de la sandalia.
Jn 1,26-27

Juan el Bautista:
DÍA 2
2.1
SEGUNDO DÍA
He ahí el Cordero de Dios, que quita el pecado del mundo
Jn 1,29b

Juan el Bautista:
DÍA 2
2.2
SEGUNDO DÍA
He visto al Espíritu que bajaba como una paloma del cielo y se quedaba sobre él.
Jn 1,32b

Para reforzar las tarjetas de la Palabra, pegue una cartulina sobre esta página antes de recortarla

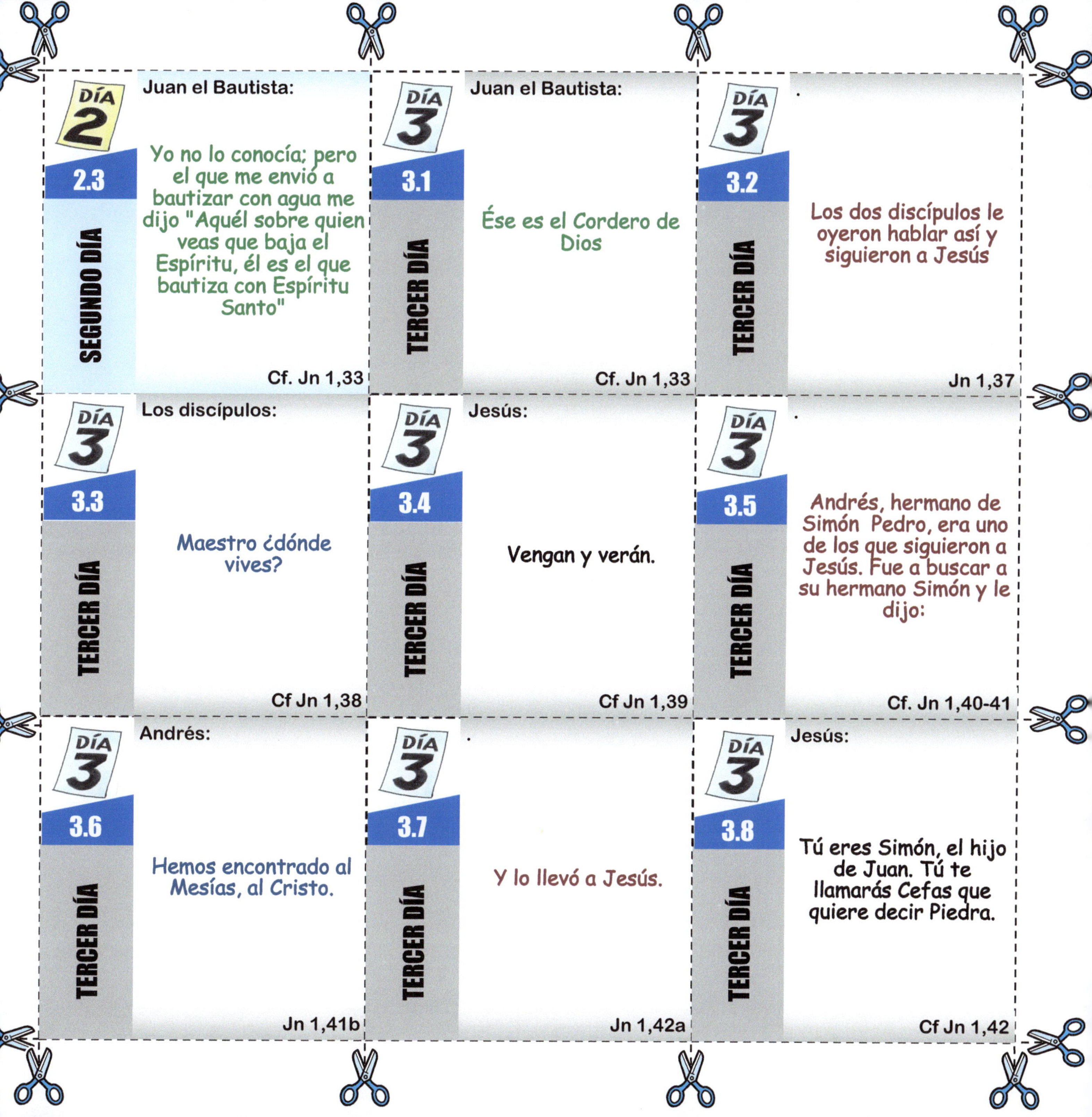

DÍA 2

2.3

SEGUNDO DÍA

Juan el Bautista:

Yo no lo conocía; pero el que me envió a bautizar con agua me dijo "Aquél sobre quien veas que baja el Espíritu, él es el que bautiza con Espíritu Santo"

Cf. Jn 1,33

DÍA 3

3.1

TERCER DÍA

Juan el Bautista:

Ése es el Cordero de Dios

Cf. Jn 1,33

DÍA 3

3.2

TERCER DÍA

Los dos discípulos le oyeron hablar así y siguieron a Jesús

Jn 1,37

DÍA 3

3.3

TERCER DÍA

Los discípulos:

Maestro ¿dónde vives?

Cf Jn 1,38

DÍA 3

3.4

TERCER DÍA

Jesús:

Vengan y verán.

Cf Jn 1,39

DÍA 3

3.5

TERCER DÍA

Andrés, hermano de Simón Pedro, era uno de los que siguieron a Jesús. Fue a buscar a su hermano Simón y le dijo:

Cf. Jn 1,40-41

DÍA 3

3.6

TERCER DÍA

Andrés:

Hemos encontrado al Mesías, al Cristo.

Jn 1,41b

DÍA 3

3.7

TERCER DÍA

Y lo llevó a Jesús.

Jn 1,42a

DÍA 3

3.8

TERCER DÍA

Jesús:

Tú eres Simón, el hijo de Juan. Tú te llamarás Cefas que quiere decir Piedra.

Cf Jn 1,42

Para reforzar las tarjetas de la
Palabra, pegue una cartulina sobre
esta página antes de recortarla

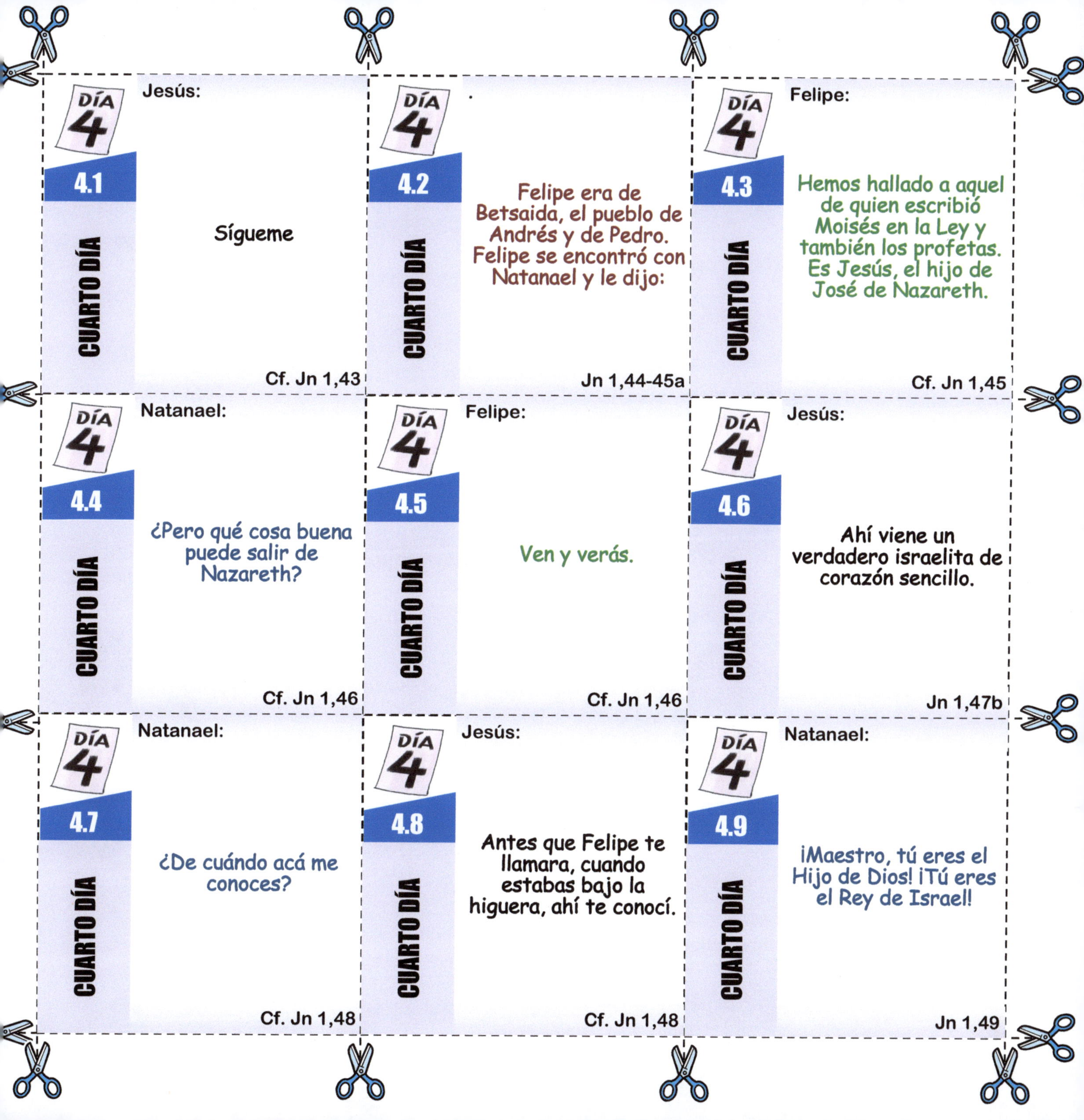

DÍA 4 — 4.1 — CUARTO DÍA
Jesús:
Sígueme
Cf. Jn 1,43

DÍA 4 — 4.2 — CUARTO DÍA
Felipe era de Betsaida, el pueblo de Andrés y de Pedro. Felipe se encontró con Natanael y le dijo:
Jn 1,44-45a

DÍA 4 — 4.3 — CUARTO DÍA
Felipe:
Hemos hallado a aquel de quien escribió Moisés en la Ley y también los profetas. Es Jesús, el hijo de José de Nazareth.
Cf. Jn 1,45

DÍA 4 — 4.4 — CUARTO DÍA
Natanael:
¿Pero qué cosa buena puede salir de Nazareth?
Cf. Jn 1,46

DÍA 4 — 4.5 — CUARTO DÍA
Felipe:
Ven y verás.
Cf. Jn 1,46

DÍA 4 — 4.6 — CUARTO DÍA
Jesús:
Ahí viene un verdadero israelita de corazón sencillo.
Jn 1,47b

DÍA 4 — 4.7 — CUARTO DÍA
Natanael:
¿De cuándo acá me conoces?
Cf. Jn 1,48

DÍA 4 — 4.8 — CUARTO DÍA
Jesús:
Antes que Felipe te llamara, cuando estabas bajo la higuera, ahí te conocí.
Cf. Jn 1,48

DÍA 4 — 4.9 — CUARTO DÍA
Natanael:
¡Maestro, tú eres el Hijo de Dios! ¡Tú eres el Rey de Israel!
Jn 1,49

Para reforzar las tarjetas de la Palabra, pegue una cartulina sobre esta página antes de recortarla

31
DÍA 4
4.10
CUARTO DÍA
Jesús:
Tú crees porque te dije que te vi bajo la higuera. Verás cosas mayores que éstas. Ustedes verán los cielos abiertos y a los ángeles de Dios subiendo y bajando sobre el Hijo del Hombre.
Cf. Jn 1,50-51
1
2
2
2
Jesús
Jesús
Santiago hijo de Zebedeo
Juan hijo de Zebedeo
Natanael
Andrés
Simón Pedro
Felipe
Santiago hijo de Zebedeo
Juan hijo de Zebedeo
Natanael
Andrés
Simón Pedro
Felipe

Para reforzar las tarjetas de la
Palabra, fichas de personajes y
monedas, pegue una cartulina sobre
esta página antes de recortarla

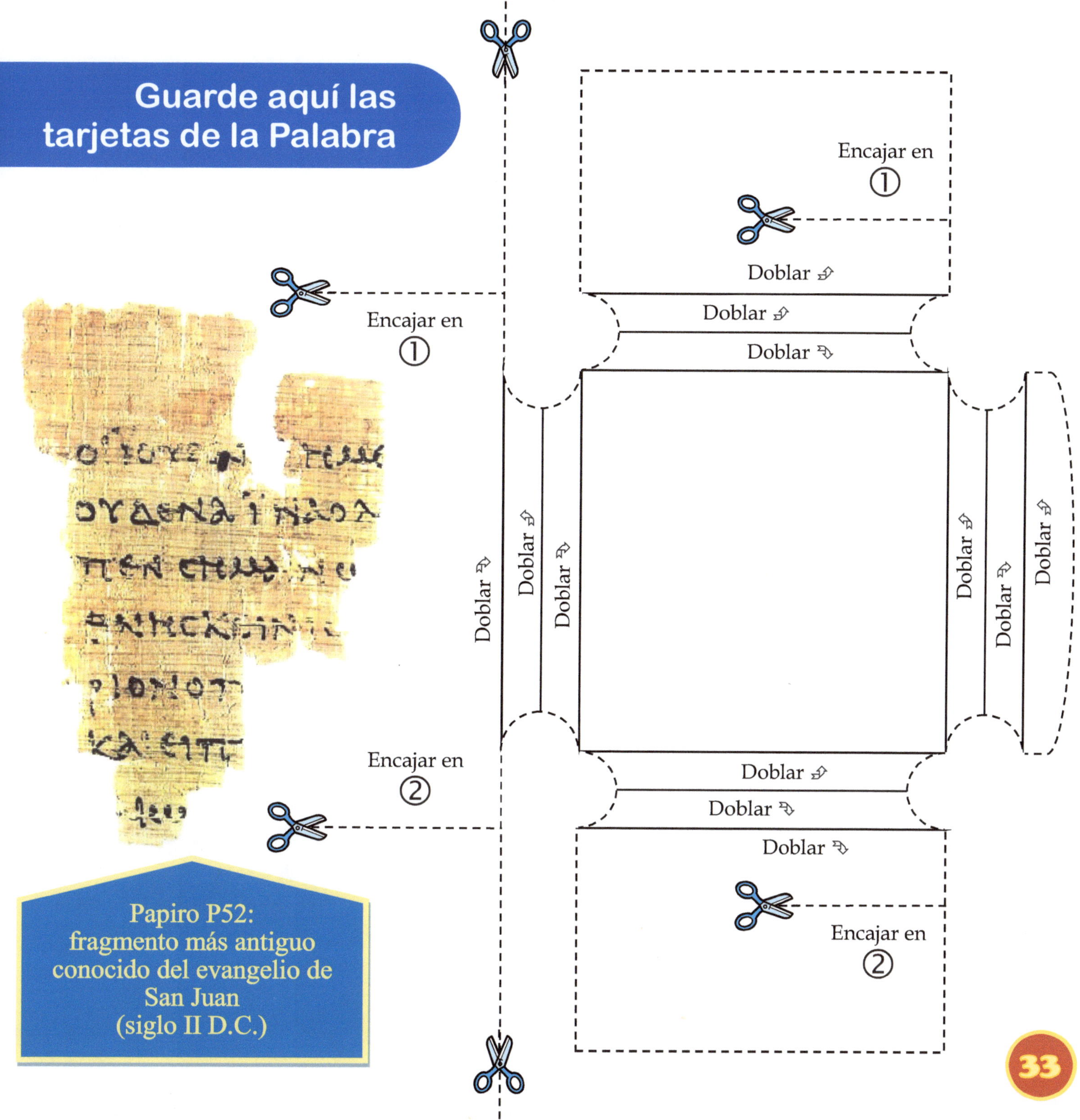

Guarde aquí las tarjetas de la Palabra
Encajar en ①
Doblar
Doblar
Doblar
Encajar en ①
Doblar
Doblar
Doblar
Doblar
Doblar
Doblar
Doblar
Doblar
Doblar
Encajar en ②
Doblar
Doblar
Doblar
Encajar en ②
Papiro P52: fragmento más antiguo conocido del evangelio de San Juan (siglo II D.C.)
33

Para reforzar el estuche para las tarjetas de la Palabra, pegue una cartulina sobre esta página antes de recortar lo indicado.
Importante: mantenga la página unida al libro

Papiro 66:
evangelio de San Juan
(siglo III D.C.)

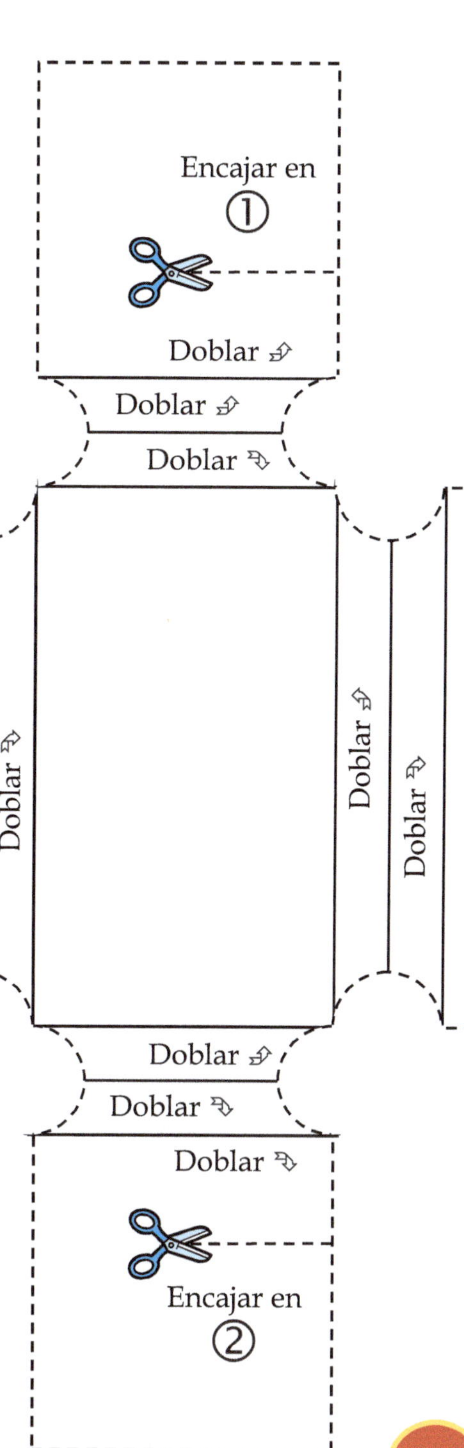

Para reforzar el estuche para los personajes y monedas, pegue una cartulina sobre esta página antes de recortar lo indicado.
Importante: mantenga la página unida al libro

¿Y después de jugar, qué?

Te invito a leer estas reflexiones sólo después de haber jugado al menos una vez "El desafío de los discípulos" (especialmente si eres un catequista, profesor de religión, padre o madre de familia, o la persona que ha tenido la iniciativa de proponer este juego a su familia, amigos, miembros de comunidad de fe, o alumnos).

¿Qué inquietudes han surgido en ti y en tus compañeros de juego luego de terminar la partida? Es una buena pregunta para hacerse después de jugar. Quizás las primeras respuestas sean sorpresa o desconcierto por la experiencia. Acostumbrados a un acercamiento solemne a los textos bíblicos, esta perspectiva lúdica (que no te invita a memorizar los textos o los números de versículos como otros enfoques) les debe haber movido a la curiosidad por saber más sobre la Biblia, específicamente, sobre el evangelio según san Juan. Si después de haberlo jugado, se sintieron tentados a buscar una Biblia para compararla con el juego, sepan que ya están listos para iniciar un estudio bíblico.

Otras inquietudes que pueden surgir al finalizar el juego (e incluso durante el juego), son precisamente preguntas: ¿por qué Jesús dijo eso?, ¿por qué el discípulo reaccionó así? Esto obligará a darle un poco de contexto a la frase o narrativa en cuestión. Se puede recurrir directamente al tablero para leer un poco los sucesos anteriores y posteriores, o al propio evangelio (en la tarjeta de la Palabra se indica la cita bíblica de referencia). Las preguntas son generalmente la mejor puerta de entrada al mensaje que la Palabra nos trae. Y es conveniente, ante una pregunta, que cada uno comparta su respuesta. La Palabra de Dios es tan enriquecedora que ilumina de manera especial a cada persona. Justamente en ello reside la riqueza de compartir la Palabra.

También se habrán preguntado sobre las imágenes que ilustran el juego ¿por qué Jesús y los discípulos aparecen como personas de nuestra época? Podría ser un simpático tema de debate grupal, y seguramente concluirán que es una manera de expresar que el evangelio es un mensaje actual, y no unos hechos perdidos en el tiempo hace dos mil años (muchos artistas también han usado ese recurso, pensemos en las pinturas de sobre pasajes evangélicos de Caravaggio, Rembrandt, la iconografía bizantina, entre otros). Las ilustraciones del libro-juego nos ayudan a actualizar el mensaje de la Palabra al día de hoy.

Pero, habrán notado, además, imágenes muy antiguas de papiros en el libro-juego, y el propio texto del evangelio de Juan en griego. Todo ello debe haberles despertado la curiosidad. Y si la inquietud del grupo va por allí, resultará constructivo indagar sobre el origen de los textos bíblicos. En el caso del evangelio según san Juan, que fue escrito en griego koiné (griego común del siglo primero después de Cristo), se conservan pequeños fragmentos que datan desde el siglo II D.C. y algunos códices (papiros cosidos formando un cuadernillo o libro) posteriores, que han ayudado a los estudiosos a aproximarse a las versiones más antiguas del texto. Sí, es verdad, existen ligeras variantes entre estos textos: faltan o sobran algunas palabras, o incluso versículos; y ello nos plantea la pregunta ¿cuál es el texto verdadero? Aquí entramos al tema del Canon Bíblico: los Obispos, asistidos por el Espíritu Santo, en sucesivos Concilios (Hipo, Cartago, Florencia, Trento), determinaron qué textos se consideraban inspirados y pasaban a formar parte de la Biblia, al tiempo que desestimaban otros textos que pasaban a la categoría de apócrifos.

Vemos, pues, que el libro-juego "El desafío de los discípulos", además de invitarnos a jugar y compartir un momento ameno, nos abre la puerta a distintas inquietudes: algunas de índole histórica o académica (paleografía, lenguas antiguas, canon bíblico), y otras de naturaleza pastoral (hermenéutica). Desde esta perspectiva pastoral es que surgió este juego, y por ello los animadores pastorales tienen en él una herramienta de apoyo a sus labores de catequesis y de reflexión y oración comunitaria.

Si eres un animador pastoral, apelamos a tu creatividad para emplear este libro-juego del modo más conveniente para tu reunión comunitaria o sesión de catequesis. Puedes utilizarlo al inicio de la reunión, como actividad motivadora o introductoria, o bien al final, como síntesis. Incluso puedes modificar las reglas del juego (si te acomoda mejor). Puedes reemplazar las monedas por un dado (o dos dados si deseas que el juego dure menos tiempo); o crear otras reglas de fin de juego (que todos los jugadores consigan dos tarjetas de la Palabra, por ejemplo), o incluso inventar otros juegos empleando los elementos de éste (utilizar las tarjetas de la Palabra como baraja de cartas, etc.).

¿Y después de jugar, qué? Pues lo más importante: dejar que esa Palabra, que ha llegado a nosotros bajo la forma de un juego, haga eco en nuestro corazón. Y nos ayudan en este empeño los elementos del juego. Cada jugador puede escoger entre las tarjetas de la Palabra que ha obtenido, aquella que le resulte más inspiradora o cuestionadora, leerla y compartir con los demás el motivo de su elección, o explicar por qué escogió como personaje a un discípulo en particular. O bien, dar lectura al pasaje del evangelio de Juan aludido en el juego, y comenzar a meditarlo.

Y será verdad entonces que "la Palabra se hizo carne, y plantó su tienda entre nosotros".

www.ingramcontent.com/pod-product-compliance
Lightning Source LLC
LaVergne TN
LVHW071652180726
843512LV00002B/438